DU SYSTÈME

SUIVI

PAR LE DIRECTOIRE EXÉCUTIF,

RELATIVEMENT

A LA RÉPUBLIQUE CISALPINE;

Et quelques Détails sur les derniers Evénemens
qui ont eu lieu dans cette République.

Visu carentem magna pars veri latet.
SEN. in ŒDIP.

PAR LE CITOYEN ED. BIGNON,

Ex - Secrétaire de Légation en Helvétie, et près la
République Cisalpine.

———

A PARIS,

Chez F. BUISSON, Imprimeur - Libraire, rue Haute-
Feuille, N°. 20.

AN VII DE LA RÉPUBLIQUE.

ERRATA.

Page 5, ligne 3, de son alliée; *lisez*, de son Allié.
Page 6, ligne 22, elle dût s'unir; *lisez*, elle put s'unir.
Page 8, ligne 2, de notre alliée; *lisez*, de notre Allié.
Page 13, ligne 1, présentaient; *lisez*, prescrivaient.
Idem, ligne 11, de son alliée; *lisez*, de son Allié.
Page 31, ligne 19, dont on ne se croyait sûrs; *lisez*,
    dont on ne se croyait sûr.
Page 56, ligne 22, le réalité; *lisez*, la réalité.

DU SYSTÊME

SUIVI

PAR LE DIRECTOIRE EXÉCUTIF,

RELATIVEMENT

A LA RÉPUBLIQUE CISALPINE.

LE traité de Campo-Formio, en consacrant l'existence de la République Cisalpine, lui avait donné une frontière bien difficile à défendre et avait laissé la destinée de cette République à la merci d'une bataille. Cette bataille a été perdue par nous, et la République Cisalpine, après une courte apparition dans le monde politique, est déjà, du moins momentanément, effacée du nombre des puissances (1).

(1) Convaincu que la mise en jugement des ex-directeurs, pouvoit être le prélude des plus grandes calamités, je me suis abstenu de publier ce Mémoire tant que cette question est restée indécise. J'aurais craint, en improuvant le système ou les actes du Directoire, relatifs à l'Italie, de paraître mêler une voix accusatrice à la fureur aveugle qui les poursuivait. Cette crainte n'existant plus, je puis, sans prêter

A

Cependant, dès sa naissance même et malgré sa faiblesse, cette République semblait être devenue un objet d'inquiétude pour le Gouvernement Français. A peine le génie de la liberté avait-il pris son premier essor sur ces fertiles contrées, que le Directoire exécutif se crut menacé de voir l'Italie s'échapper de sa chaîne et de perdre ainsi le fruit de ses conquêtes. Il craignit que l'explosion du patriotisme naissant ne devînt électrique et contagieuse ; que ce feu rapide n'embrasât tous les peuples d'Italie, encore esclaves ; qu'il ne les rapprochât entr'eux, et qu'une politique adroite n'en profitât pour former de tous ces peuples un faisceau redoutable que la France n'eût plus manié alors comme un instrument soumis à ses volontés. Au lieu de chercher dans les Républiques Italiennes des alliés puissans et forts, capables de nous étayer de leur appui et de repousser avec nous les inondations royales, on ne voulait que des républiques en miniature, que des satellites

des armes à l'esprit de parti, répandre quelque lumière sur les divers événemens qui ont eu lieu dans la République Cisalpine, événemens défigurés dans tous les rapports qui ont paru jusqu'à présent.

attachés à notre planète, forcés d'en suivre
le mouvement, mais hors d'état d'y concourir.

L'intérêt bien entendu de la République
Française eût été de livrer à toute la chaleur révolutionnaire les pays qu'elle venait
d'affranchir, en leur présentant toutefois,
pour les garantir des malheurs dont la France
a été le théâtre, les conseils de l'amitié,
les leçons de l'expérience ; d'y donner à toutes
les ames une commotion forte et irrésistible ;
d'y développer une énergie nationale ; d'y
détruire, par des moyens vigoureux, la
rouille des anciennes habitudes ; d'attacher
tous les habitans au nouvel ordre de choses ;
de les armer, mais avec discernement, pour
le défendre, et de créer ainsi une masse
imposante de forces auxiliaires, une seconde
et immense armée de soldats républicains,
qui n'eussent point été de faibles automates
asservis à nos caprices, mais que la frater-
nité, la reconnaissance et l'union de sentimens eussent bien plus surement enchaînés
sous nos drapeaux.

Le Directoire ne pensa pas ainsi. Enor-
gueilli par nos succès, il ne croyait pas devoir se préparer de ressources étrangères.

Pagination incorrecte — date incorrecte

NF Z 43-120-12

Cette confiance sans bornes dans l'infailli-
bilité de nos triomphes, était permise à toute
la France, le Directoire excepté (1). Lui
seul devait prévoir la chance des défaites et
s'assurer des secours éventuels pour ces circonstances alors peu vraisemblables, mais
qui pourtant se sont réalisées. L'un des points
les plus importans eût été la corroboration
morale et matérielle de la République Cisalpine. On suivit un plan tout-à-fait con-

(1) *Se si considera bene come procedono le
cose humane , si vedra molte volte nascere cose e
venire accidenti, a quali i cieli al tutto non anno
voluto che si provegga.... Dipoi ordinò che per
reprimere quella guerra non si facesse in Roma
cosa degna del popolo Romano, avendo prima or-
dinato che Camillo, il quale poteva essere solo
unico remedio a tanto male, fosse mandato in esilio
ad Arde.*

A considérer attentivement la marche et la liaison
des choses humaines , on voit qu'il est des événemens
que le ciel même empêche les hommes de prévoir......
Il voulut qu'on n'employât à Rome , pour s'opposer à
cette guerre, rien qui fût digne du nom Romain. Il
avait d'abord ordonné l'exil de Camille à Ardée , le
seul citoyen en état de remédier à un aussi grand
mal... (Ainsi l'expédition de Bonaparte en Egypte).

MACH. Disc. sur la 2me. Décade de Tite-Live.

traire. Le Directoire vit des inconvéniens majeurs pour lui, dans l'agrandissement de son alliée. Il se hâta de limiter sa puissance; il renouvela l'imprudence de ce voyageur de la fable, qui, craignant de se donner un maître, ou du moins un égal dans son compagnon, ne s'associa qu'un enfant faible et docile à ses désirs; mais au moment du péril, l'enfant fut incapable de le sauver et ne put que partager son sort en faisant des efforts inutiles pour le défendre.

Cette manière de voir n'a point été particulière à tel ou tel directeur. Ce fut un principe adopté dès la création de la République Cisalpine, et qui, depuis, a été constamment suivi. Le Directoire n'en a pas même fait un mystère; et d'ailleurs on ne pouvait pas cacher un système dont les effets étaient visibles. C'est de ce faux principe que sont dérivées diverses mesures relatives à l'Italie, et particulièrement cette persécution dirigée contre les prétendus *unitaires*, qui contrariaient ce plan; persécution, à la vérité, négative, et qui se bornait à les écarter des principales fonctions du gouvernement. J'aurai occasion de parler, dans le cours de cet écrit, de ces partisans de l'unité italienne.

A 3

On ne pourrait, jusqu'à un certain point, condamner le Directoire d'avoir embrassé ce système, si, du moins, on y trouvait un côté avantageux pour la France ; mais il semble qu'il ne pouvait qu'être funeste, sous quelque point de vue qu'on l'envisage. En effet, on doit le considérer ou dans l'hypothèse de nos succès ou dans celle de nos revers.

Dans ce dernier cas, l'expérience a prononcé. Des résultats trop malheureux ont résolu cette fatale question.

Mais dans le cas même de nos succès, ce système offrait-il de solides avantages ? Paraît-il à quelques inconvéniens véritables ? Et quels inconvéniens alors pouvaient être à craindre ? Victorieux de l'Allemagne, fallait-il nous tenir en garde contre l'Italie ? Celle-ci eût-elle été assez forte pour se passer de notre appui ? pour ne pas craindre notre inimitié ? Devions-nous présumer que, délivrée par nous du joug de l'Autriche, elle dût s'unir à l'Autriche contre nous ? Certainement un tel accord, une association aussi étrange n'étaient guères vraisemblables, guères possibles au moins dans un temps prochain. Mais, dira-t-on, le Directoire ne doit pas arrêter sa pensée au présent qui s'échappe

Il doit pourvoir aux hasards de l'avenir. Il
était possible qu'un jour, abusant de cette
liberté conquise pour elle, au prix de notre
sang, et secouant le poids d'une reconnaissance pénible, l'Italie tournât contre nous
cette même force, que nous seuls lui aurions
rendue, et ne nous repoussât loin de ce sol,
libre, grâce à nos exploits, de tout despotisme étranger. — En admettant la possibilité
de cette ingratitude, qui n'est pas plus rare
entre les peuples qu'entre les particuliers,
n'existait-il pas de moyens plus sûrs pour la
prévenir ? Ces premiers droits, que nous
avions si justement acquis à l'amour des peuples italiens, nous pouvions les conserver
encore, les étendre : c'était par une politique sage qu'il fallait lier leur destinée à la
nôtre, resserrer plus étroitement les rapports
nécessaires établis entr'eux et nous par l'u-
niformité de principes et de constitution,
nous assurer enfin, pour l'avantage des deux
nations, cet ascendant utile, que le peuple
affranchi accorde si volontiers au peuple libé-
rateur. Cette influence, obtenue par nos
bienfaits, n'eût-elle pas été préférable à celle
que donne la force sur la faiblesse ? Et quel
avantage avons-nous trouvé dans la dépen-

A 4

dance servile, dans l'abaissement de notre
alliée ? Un seul, le droit d'être injuste envers
lui impunément. Droit fatal ! Malheureuse
prérogative dont nous n'avons que trop abusé!
Nous en avons reçu la récompense. On a senti
que nous n'avions travaillé que pour nous-
mêmes, que notre but était de tenir sous
notre tutelle des peuples auxquels nous avions
donné un fantôme d'existence ; que pour
nous garantir contre leur émancipation future, nous empêchions leur accroissement;
que nous voulions des esclaves plutôt que
des amis. On a gémi de notre ambition mal
calculée ; on s'est irrité contre elle, on a
cherché à s'y soustraire; et lorsque notre
puissance a chancelé, on a fait peu d'efforts
pour la soutenir, puisqu'elle n'avait offert
qu'une servitude nouvelle, non moins affreuse que celle qui l'avait précédée.

Ainsi la crainte d'un danger incertain et
éloigné a produit pour la France un danger
présent, un mal réel. En condamnant ce système du Directoire, je me garde bien d'accuser ses intentions. Loin de moi l'idée de
changer en crime volontaire ce qui ne fut
qu'erreur de calcul, et de placer la trahison
par-tout où je ne vois pas le succès.

Comme on n'a généralement qu'une connaissance imparfaite des mutations qui ont été opérées dans le Gouvernement Cisalpin; comme on confond ensemble celles qui ont été l'ouvrage du Directoire et celles qui ont été exécutées au mépris même de sa volonté, il ne sera pas inutile de jeter un coup-d'œil sur ces diverses époques. On trouvera entre elles un point principal de ressemblance; c'est qu'il n'y eut, par le fait, qu'un changement peu sensible dans les choses, mais un changement bien réel dans les hommes en place, qui se succédaient sur ce théâtre mobile, et qui, tour à tour, redescendus dans la foule, n'aspiraient qu'à remonter au poste élevé, où leur ambition les avait assis un moment.

Bonaparte, en léguant de grands exemples à ses successeurs en Italie, leur légua à tous, avec le désir de l'imiter sans doute par de glorieuses actions, la soif de ce même pouvoir, dont des circonstances extraordinaires l'avaient lui-même revêtu, et dont l'intérêt de l'Italie et de la France avait réglé dans ses mains le noble et difficile usage. On l'avait vu discutant des traités, rédigeant des loix, proposant des constitutions aux peuples affranchis par ses triomphes. Les divers géhéraux qui lui ont succédé ont été jaloux de marcher dans la même carrière. Ils ont voulu tous réunir en leur main et le glaive du conquérant, et le caducée du diplomate, et là plume du législateur. On a toléré d'abord cet empiétement usurpateur du pouvoir militaire, environné de tous les trophées de deux campagnes, constamment victorieuses. On a laissé passer en habitude et bientôt se transformer en droit ce mélange dangereux de fonctions aussi diverses; et cette imprudente tolérance a dû produire une récalcitration nécessaire, lorsque le Directoire s'appercevant, mais trop tard, des dangers qui pouvaient en être la suite, a voulu creuser de nouveau le sillon démarcateur entre le pouvoir militaire et le pouvoir civil, et renfermer chacun d'eux dans le cercle de ses limites naturelles.

Avant que le Directoire Français se fût encore permis lui-même d'attaquer ouvertement l'indépendance politique de la République Cisalpine, un général avait déjà préhidé à ces jeux insolens de la nation forte sur la nation faible, en destituant les premiers fonctionnaires d'une République alliée, et en les remplaçant à son gré sans égard pour le traité qui venait d'être conclu avec cette République. Ce coup d'essai, qui depuis a été répété plusieurs fois, appartient au général Berthier, et remonte au mois de germinal an VI (1). Ce général, compagnon de gloire de Bonaparte, et digne sans doute, sous tant de rapports, de lui succéder, n'avait point, comme lui, pour les autorités civiles cette considération, ces procédés si nécessaires, sur-tout dans un pays organisé récemment, pour leur donner une consistance propre à servir utilement la cause des Français, qui leur était devenue commune. Il ne traita point avec le Gouvernement Cisalpin comme avec un gouvernement allié. Tout plein en-

(1) Le traité porte, art. Ier : « La République Française reconnaît la République Cisalpine comme une puissance libre et indépendante : elle lui garantit sa liberté, son indépendance, et l'abolition de tout gouvernement antérieur à celui qui la régit maintenant ». — Et peu de jours après l'acceptation de ce traité, pour cause de cette acceptation même, on destitue arbitrairement les directeurs et représentans qui s'étaient prononcés en faveur de l'opinion contraire. Quel funeste présage pour son observation future ! Le général Berthier ne fit point connaître s'il agissait de sa seule autorité ou d'après des ordres supérieurs.

core du souvenir de la conquête, il parlait
en vainqueur, et il employait le commandement alors que l'invitation eût suffi, et
même eût produit des effets plus avantageux. Ainsi, après la ratification du traité, il
exigea encore une contribution de six cents
mille francs, prescrivit pour le paiement
de cette somme un terme très-borné, et
prouva, le premier, que le traité d'alliance,
qui venait d'être ratifié, n'était qu'un acte
ostensible que la France présentait à l'Europe, mais dont les articles utiles à la République Cisalpine devaient rester sans exécution.

La constitution, donnée par Bonaparte à
cette République, rédigée à la hâte et au
milieu des camps, offrait des imperfections
que ce général avait bien senties lui-même,
mais dont il avait remis le redressement à
des temps ultérieurs. On avait voulu ménager de petits intérêts de territoire, des ambitions de localité, et, pour y parvenir, on
avait multiplié excessivement le nombre des
départemens et celui des membres du corps
législatif. Le nombre des départemens montait à vingt-un ; celui des représentans du
peuple, à deux cents vingt-quatre. — La rai-

son et l'économie présentaient de concert la
répression de ces dépenses superflues. Tout
le monde est d'accord sur ce point; mais
depuis la cessation de l'état de conquête,
depuis la ratification du traité d'alliance entre
les deux Républiques, le Peuple Cisalpin
avait seul le droit de réformer lui-même sa
constitution. La politique permettait à la
France d'insinuer la nécessité de cette réforme, d'y concourir indirectement et sans
blesser les droits de son alliée. C'était-là que
devait se borner son influence; et le même
objet eût été rempli avec plus d'avantage
pour les deux nations. Le Directoire ne crut
pas devoir se borner à ces moyens d'une réserve sage et légitime; il chargea le citoyen
Trouvé, son ambassadeur, de préparer lui-
même cette opération.

Il s'agissait de présider à la correction d'un
ouvrage, imparfait si l'on veut, mais échappé
des mains de Bonaparte, et du moins assez
respectable par son origine, pour qu'on n'y
touchât qu'avec respect et discrétion. En
appelant le nouvel ambassadeur à un travail
aussi hasardeux, le Directoire lui préparait
sa perte inévitable.

Je ne m'étendrai pas sur la manière dont cette

opération s'exécuta (1). On sait qu'un grand
nombre de membres des conseils y montrè-
rent la plus forte opposition, et que l'ambassadeur fut réduit à commander ce qui eût
dû être volontaire ou du moins l'effet d'in-
sinuations amicales plutôt que le résultat
d'ordres absolus. On sait que le général
Brune désapprouvait ces changemens, qu'il
avoit même fait un voyage à Paris pour en
exposer les dangers au Directoire ; mais que
le Directoire, persistant dans les mêmes intentions, ce général fut obligé d'y concourir
lui-même; qu'enfin, l'assentiment public ne
confirma point cette réforme, mal-adroite-
ment exécutée, et reçue seulement parce
qu'elle fut donnée comme la volonté du
Gouvernement Français.

La connoissance de la division qui existoit entre le général et l'ambassadeur, et de
celle qui en résultait entre les Cisalpins eux-
mêmes, porta le Directoire à leur donner à
tous deux, et presqu'en même temps, une
nouvelle destination.

Cependant le parti des anti-réformistes,
qui avoit toujours environné le général et
qui connoissait ses sentimens, s'agitait au-

(1) 13 fructidor an VI.

tour de lui. Ces aveugles et ambitieux Cisalpins, plus jaloux de leur propre élévation
que de l'indépendance de leur pays, solli-
citaient de ce général une démarche qui ne
pouvait que mettre le sceau à leur servitude.
On présume bien que, d'après le plan tem-
pératif du Directoire (1), le citoyen Trouvé
avait fait sortir du Gouvernement Cisalpin
tous les hommes qu'on ne supposoit pas amis
des Français, ou dont l'énergie révolutionnaire paraissait à craindre. Leurs plaintes
retentirent autour du général Brune. Celui-
ci, sans doute emporté par un désir irrégulier
de réparer ce qui lui sembloit un mal, dé-
truisit en un moment l'ordre de choses établi
par l'ambassadeur, renouvela le Directoire
et le Corps Législatif, et pour donner à la
constitution, qu'il modifia aussi à sa manière,
une sanction imposante et respectable, la fit
accepter par des assemblées primaires con-
voquées à la hâte, et tenues, il est vrai, dans
la confusion et le désordre.

L'ambassadeur Fouché arrive alors à Milan (2), et reconnoît les autorités formées par
le général Brune. Il se fait présenter au nou-

(1) 28 vendémiaire an VII.
(2) Brumaire an VII.

veau Directoire Cisalpin, et lui donne l'as-
surance de sa conservation. Le général Joubert, qui, dans le même temps, prit le
commandement de l'armée, donna aussi son
assentiment à l'ouvrage de son prédécesseur.

Cependant le Directoire Français improuve
ces mêmes mesures et les annulle par plusieurs arrêtés itératifs. Ces arrêtés sont ex-
pédiés au général et à l'ambassadeur qui se
refusent à leur exécution. Il y a lieu de
croire qu'ils voyaient dans un troisième changement des inconvéniens plus fâcheux que
dans le maintien de l'ordre de choses ins-
titué, quoique irrégulièrement, par le général Brune. C'est alors que le Directoire,
ferme et faible tout à la fois, envoya le citoyen Rivaud à Milan (1), pour y faire triompher son autorité de la résistance d'un général et d'un ambassadeur. Ce Directoire si
redouté dans l'Europe ne savoit pas forcer
à l'obéissance deux agens nommés par lui.
Il étoit obligé de rappeler son ambassadeur,
et s'attendait encore à être contrarié par le
général. Il avait même prévu le cas où celui-
ci refuseroit absolument de souffrir, même
sans y prendre part, l'exécution de ses or-

(1) Frimaire an VII.

dres.

dres. Cette faiblesse du Directoire Exécutif
étoit née des abus de pouvoir qu'il s'étoit
permis lui-même. C'était lui qui, en souffrant
d'abord les atteintes portées à l'indépendance
cisalpine par le général Berthier, en ordon-
nant ensuite à son ambassadeur Trouvé une
réforme qui fut odieuse, sur-tout par le mode
d'exécution, avoit accoutumé et ses agens
politiques et les chefs militaires à se regarder
comme juges du bien et du mal-être des
Nations alliées, et à prononcer sur leur gouvernement.

Le citoyen Rivaud remplit la tâche difficile qui lui étoit confiée, avec toute la modération dont elle étoit susceptible (1). En 24
heures, il eut recomposé le Corps Législatif
et remis en fonction plusieurs des Directeurs
destitués. Un seul individu fut mis en prison
et relâché peu de temps après. Comme on ne
reprochait à ce citoyen qu'une exagération
répréhensible peut-être, mais qui n'avait
rien de criminel, le citoyen Rivaud fut le
premier à demander pour lui, de l'emploi
au Directoire Cisalpin, ce qui fut accordé.
Quelques autres citoyens étaient aussi frappés de mandats d'arrêt; ils se cachèrent d'a-

(1) Dix-huit frimaire,

B

bord et ont ensuite reparu, sans qu'on ait
exercé aucune poursuite contr'eux.

On s'est plaint que la Représentation Nationale avait été affaiblie, que les hommes
à grand caractère en avaient été expulsés
et que la médiocrité seule avait trouvé grâce.
Malheureusement l'injustice ne peut jamais
être étrangère à des mesures de ce genre,
et trop souvent l'homme le plus utile, le
mieux intentionné, qui ne porte pas la cou-
leur du jour, devient victime de tout sys-
tême épurateur. Le mal est ici dans la chose
elle-même plus que dans l'Agent qui exé-
cute. Le citoyen Rivaud a dû prendre les
avis des hommes qui lui étaient indiqués à
cet effet par le Directoire, et ce fut d'après
leurs renseignemens que fut formé le Corps
Législatif.

Presque tous les membres qui y furent
appelés avaient été, les uns nommés par le
général Brune lui-même, les autres hono-
rés antérieurement du choix de Bonaparte.

On demande, enfin, pourquoi le citoyen
Rivaud s'est chargé d'une opération semblable? Cette question est facile aujourd'hui.
Mais qu'on se reporte à l'époque où il l'ac-
cepta; qu'on se représente quel étoit alors

l'état des choses. Le Directoire irrité de l'opposition apportée à l'exécution de ses ordres,
persiste à vouloir faire triompher son autorité de la résistance de ses Agens. Il jette les
yeux sur le citoyen Rivaud et lui propose
cette hasardeuse mission, qui exigeait un
dévouement absolu. Le citoyen Rivaud crut
servir utilement son pays en acceptant, et il
s'y trouvait d'autant plus obligé, que cette
mission n'était pas sans péril. En effet, il
fallait quelque courage pour s'exposer aux
traits de la haine et à la fureur d'un parti
considérable qu'il était question de renverser.
Qu'il me soit permis de rendre ici un témoi-
gnage éclatant à la vérité, de justifier un
homme accusé sur de faux rapports ou par
des citoyens qui ne le connaissent pas. Depuis que le 30 prairial a délié nos langues,
muettes trop long-temps, et affranchi la pensée, toutes les bouches s'ouvrent pour accuser, et pas une ne s'est ouverte encore
pour défendre. L'intégrité du citoyen Rivaud m'est bien connue; je la proclamerai
devant l'opinion publique; je l'attesterais devant un tribunal. Je la soutiendrais devant
des assassins. Représentans du Peuple, citoyens, qui le dénoncez sur parole, c'est là

probité la plus pure que vous persécutez. Il
n'est pas dilapidateur celui qui peut à peine
aujourd'hui se donner le simple nécessaire;
celui qui n'a pas même accepté le présent
que lui offrit le Directoire Cisalpin, quoiqu'il
pût le faire sans manquer à ses devoirs,
puisque c'est un usage reçu chez la plupart
des Puissances. Détachez le citoyen Rivaud
des circonstances où il a été placé ; condam-
nez sa mission, si tel est votre avis; mais
respectez l'homme : le désintéressement le
plus parfait, l'intégrité la plus irréprochable
doivent le séparer à jamais de tous les vam-
pires qui ont déshonoré la France en pillant
l'Italie.

Il est aisé de trouver aujourd'hui des crimes
aux Agens du Directoire, quand le Directoire lui-même, par une administration dont
les événemens n'ont pas proclamé la sagesse,
s'est livré à l'animadversion publique. Mais
si le succès de la campagne eût encore cou-
ronné nos armes; si, plus prudent ou plus
heureux, le Directoire Exécutif eût com-
mandé la paix à l'Europe ou la victoire à
nos armées, on se tairait sur ces mêmes coups
d'autorité qui sont maintenant l'objet du blâme
et de la censure. Tel est le sort habituel des

premiers Magistrats, dans un Gouvernement
Républicain : tant que leur manœuvre habile ou le souffle favorable de la fortune fait
voguer dans un cours prospère le vaisseau
dont ils tiennent le gouvernail, l'envie fré-
mit à leurs pieds, réduite à se dévorer elle-
même ; mais si le moindre écueil précipite
de son poste d'honneur le pilote endormi
dans une imprudente sécurité, tout l'acca-
ble, tout s'arme contre lui, tout ce qui vint
de lui est crime, tous ses mouvemens sont des
attentats, tous ses gestes, des perfidies ; tous
les témoins de sa chute, ses accusateurs (1).
L'homme de bien, employé par un tel Gou-

(1) *Faccia adunque un principe conto di vivere
e di mantenere lo stato : i mezzi saranno sempre
giudicati onorevoli e da ciascuno lodati, perchè il
volgo ne va sempre preso con quello che pare, e
con lo evento della cosa, e nel mondo non e se non
volgo.....*

Le point est de se maintenir dans son autorité :
les moyens, quels qu'ils soient, paraîtront toujours
honorables et seront loués de chacun. Car le vulgaire
se prend toujours aux apparences, et ne juge que par
l'événement. Or le vulgaire, c'est presque tout le
monde.

MACH. du Prince, chap. 18.

Tacite avait dit auparavant : *Idin summâ fortunâ
æquius, quod validius.*

B 3

vernement, est déclaré son complice et par-
tage les reproches qui lui sont adressés ; mais
ce ne sont que des reproches de circonstance,
des accusations filles de l'insuccès ; et c'est
la mal-adresse seule du Gouvernement même
qui fait la culpabilité de ses Agens. Je ne
prétends pas justifier en tout le Directoire
Exécutif ; c'est à lui seul qu'on peut demander compte de l'usage qu'il a fait de sa
puissance ; mais si, dans l'hypothèse qu'un
jour tel ou tel acte du Directoire pourra
devenir le sujet d'une accusation légitime ,
ses Envoyés croyaient devoir lui refuser leur
concours, il faut convenir qu'un Gouvernement alors n'aurait qu'une marche bien chan-
celante et bien incertaine.

Il sera intéressant de voir le corps législatif poser la borne où devra s'arrêter l'obéissance des Agens du gouvernement ; et sur-tout
des Agens diplomatiques. Lorsqu'un homme,
comme le citoyen Rivaud , respectable par
s a moralité personnelle, est poursuivi avec
tant de chaleur pour avoir exécuté les ordres
du Directoire , on conçoit que cette discus-
sion présentera quelques difficultés.

Sans doute il existe des circonstances où
l'obéissance passive est un crime, et la dé-

sobéissance un devoir. Mais qui marquera la
nuance distinctive de ces circonstances?

Les délits qui troublent la société civile
sont presque tous classés par les législateurs
et prévus par des dispositions pénales ; mais
ceux de gouvernement à gouvernement n'ont
pas été précisés d'une manière positive, et le
droit des nations n'est point encore sanctionné
par l'établissement d'un code universel, qui
puisse, chez tous les peuples, être appliqué
aux infracteurs de ses dispositions.

Si un gouvernement (1) ordonne à ses
Agens des actions qui violent la morale de

(1) Quand le maître, au sujet, prescrit des attentats,
On présente sa tête, et l'on n'obéit pas.
LAHARPE.

Hobbes n'est pas si rigoureux: *De causis societa-
tem dissolventibus. — Ante imperia justum et injus-
tum non extitere, ut quorum natura ad mandatum
sit relativa; actio que omnis suâ naturâ adiaphora
est. Quod justa vel injusta sit, a jure imperantis
provenit. Reges igitur legitimi quæ imperant, justa
faciunt imperando, quæ vetant vetando injusta...
Et ensuite.... Peccatum meum est quod faciens
peccatum meum esse puto; quod vero peccatum
alienum esse puto, possum quandoque sine peccato
meo facere....*

Avant qu'il y eût un gouvernement dans le monde,
il n'y avait ni juste ni injuste, parce que la nature de

B 4

tous les pays, s'il commande le vol ou l'as-
sassinat, non - seulement on peut, mais on
doit alors désobéir. Prêter son ministère à de
tels ordres, c'est s'en rendre complice, et
nulle excuse ne devrait offrir de garantie
contre la juste sévérité des loix.

Mais lorsqu'il s'agit d'influence à exercer
sur le gouvernement d'une nation étrangère
ou même d'innovations à y introduire, il n'est
pas facile de fixer le point où doit commencer
la résistance de l'Agent auquel ces mesures
sont commandées.

Le succès est ordinairement le juge sans
appel dans ces sortes de questions. C'est lui
qui détermine la nature, qui fixe le caractère
de tel ou tel acte politique, et qui y imprime
le sceau de l'approbation ou de l'improbation
générale. Ici, les exemples ne manqueraient

ces choses est relative au commandement qui les
précède. Sa justice ou son injustice viennent du droit
de celui qui gouverne ; de sorte que les Gouvernemens légitimes rendent une chose juste en la commandant, ou injuste, lorsqu'ils en font défense.... Je
suis coupable, lorsqu'en faisant une action, j'ai pensé
que je le deviendrais ; mais quand j'ai pensé qu'un
autre en porterait la coulpe, j'ai pu la faire sans me
rendre criminel.

Traité de l'Empire, chap. XII.

pas , et mille citations historiques confirme-
raient cette assertion.

Cependant, il me semble que dans un gouvernement républicain et dont la vertu fait
la base, on ne doit point abandonner au succès le soin de fixer la moralité des actes politiques.

Il semble donc que si un Ambassadeur,
après la ratification d'un traité, reçoit l'ordre
de l'enfreindre ouvertement, cet Ambassadeur a droit de déclarer qu'il ne veut pas
être l'instrument d'une telle infraction.

Telle était à-peu-près la position du citoyen Trouvé. Il pouvait prendre le parti du
refus; mais est-il coupable? Peut-il être
accusé pour avoir agi autrement?

Outre que les rapports existans entre la
République Française et la République Cisalpine sortent de la thèse générale et présen-
tent, pour la justification du citoyen Trouvé,
des considérations particulières, on ne pourrait pas régulièrement condamner un Ambassadeur pour avoir obéi dans une situation
semblable.

En effet, pour qu'un Ambassadeur fût fondé
à ne pas vouloir remplir tel ou tel ordre,
qui, injuste en apparence, peut être juste

en réalité, il faudrait qu'il connût tous les motifs qui dirigent son gouvernement. Or, il ne les connoît pas tous. On ne lui communique que ce qu'il a besoin de savoir et de faire. Ainsi, par exemple, je suppose qu'une Nation alliée soit prête à nous trahir, à rompre ses engagemens avec nous, à fouler aux pieds un traité dont nous sommes fidelles observateurs. Le gouvernement voit le danger. Il se trouve dans le droit de défense naturelle. Il n'a qu'un parti à prendre, c'est de prévenir son adversaire. Il donne des ordres à son Ambassadeur en conséquence. Si celui-ci, sous prétexte que l'exécution de tel ordre, contraire à tel article d'un traité, répugne à sa probité particulière, y refuse son concours, l'intérêt de l'état et quelquefois son salut peuvent être compromis. Il s'ensuit que cette prétendue probité de l'Ambassadeur est alors une calamité publique.

Il n'est donc pas facile de caractériser les circonstances où la soumission d'un Envoyé, aux ordres de son gouvernement, est devenue coupable. Il n'est pas facile de décider si le citoyen Trouvé est dans une circonstance de cette nature. Mais alors comment pourrait-on accuser le citoyen Rivaud? Celui-ci n'a

violé ni le traité avec la République Cisalpine,
ni la constitution de cette république. — Sa
mission a eu pour objet de détruire l'ouvrage
d'un général, contraire à la volonté du Directoire, de réparer un abus de pouvoir militaire, et de faire obtenir aux arrêtés du Directoire l'exécution qui leur était refusée.

On ne prétendra pas que l'opération arbi-
traire du général Brune dût être sacrée pour
le Directoire. On n'élevera pas l'autorité
d'un chef militaire au-dessus de celle dont
il dépend, dont il ne doit être que le bras
exécuteur. Peut-on trouver juste et légitime
de la part d'un général, ce qui ne l'était pas
même de la part d'un gouvernement? S'il est
pénible pour une nation jalouse de son indépendance de voir sa constitution changée par
le Directoire Français, combien ne serait-il
pas plus affreux pour elle de voir le sort de
cette constitution livré à la merci de chacun
des généraux en chef, que le sort de la guerre
peut conduire successivement sur son territoire? On ne peut donc pas être regardé
comme criminel, pour avoir fait prévaloir la
volonté du Directoire sur celle d'un général
qui l'avait bravée.

Ces variations successives que la Répu-

blique Cisalpine avait éprouvées, en moins
de dix mois, dans le personnel et la forme
de son gouvernement, et dans lesquelles
la cause de la liberté avait dû perdre plusieurs de ses défenseurs, qui, rangés sous
la dénomination de tel ou tel parti, rece-
vaient du parti vainqueur une lettre d'exclu-
sion; ces variations, dis-je, avaient réduit le
Corps Législatif et le Directoire Exécutif de
cette république à une composition faible en
moyens et en volonté, ou plutôt avait fini
par ne leur laisser qu'une existence exté-
rieure, peu distante de la nullité réelle, genre
d'existence qui pouvait être très-utile comme
très-funeste aux Français, selon la direction
qui lui serait donnée. En voulant faire dispa-
raître l'exagération, on avait détruit la force
même; et la République cisalpine, naturellement soumise aux mêmes impulsions que la
République Française, devait offrir pour résultat un égal attiédissement, ou même un
attiédissement plus grand encore, puisqu'il
n'y existait pas dans les esprits autant de vi-
gueur et d'activité. La réforme, opérée par
le général Brune, avait peut-être jeté dans
l'arène de l'administration publique quelques
hommes, dont l'inquiète violence faisait

craindre des secousses anarchiques; mais la
dernière réforme, qui rétablit les choses sur le
pied où elles avaient été mises par le citoyen
Trouvé, quoiqu'exécutée par un homme bien
pur dans ses intentions, avait fait succéder,
à une exaltation momentanée, cette torpeur,
cette indifférence, nécessairement produite
par tout changement dans lequel on croit
voir encore le germe d'un changement futur.

Le Directoire Exécutif et le Corps Législatif de la République Cisalpine, croyant
toujours leur existence peu assurée, étaient
donc faibles par essence et n'avaient d'autre
mouvement que celui qui leur était com-
muniqué par la volonté française.

Cette position n'eût pas été désavanta-
geuse pour nous, si la volonté française,
clairement exprimée, eût été transmise par
un seul organe, et sur-tout si un accord
parfait entre les agens militaires et les agens
civils, eût dirigé les moyens propres à en
assurer l'exécution. Malheureusement cet
accord si nécessaire n'existait pas. Le général Joubert et le citoyen Rivaud, quoique
faits pour s'estimer réciproquement, n'avaient
ensemble aucune relation. Bien que le général Joubert fût incapable de favoriser le

renversement irrégulier de ce qui avoit été
fait par l'ambassadeur Rivaud d'après des
arrêtés formels du Directoire Exécutif, et
que ce général fût très-éloigné d'encourager
les espérances de ceux qui tendaient à ce
but, ces derniers mettaient toujours son nom
en avant, pour donner de la consistance à
leur opinion et agrandir la présomption de
leur succès. Ils inspiraient ainsi des frayeurs
continuelles aux pouvoirs existans, et ceux-ci
de leur côté étaient plus occupés de leur conservation propre que du bien public. Les recher-
ches du ministère de la police n'étaient guère
tournées que vers les démarches ou les réu-
nions de ceux qu'on supposait vouloir remettre en honneur les opérations du général
Brune, et ressaisir les fonctions dont ils avaient
été momentanément revêtus. Occupé de ces
petites craintes, de ces petites précautions,
le Directoire Cisalpin bornoit toute son at-
tention à se garantir des dangers que de faux
rapports lui présentaient, et que la crainte
grossissait encore à ses yeux (1).

(1) *Perchè sempre una mutazione lascia lo ad-
dentellato per la edificazione dell' altra.* — Chaque
mutation est une pierre d'attente pour une mutation
nouvelle.
MACH. du Prince, chap. 2.

Le Directoire Français, qui, comme je
l'ai déjà dit, redoutait tout système propre à
diminuer sa souveraine influence sur l'Italie,
semblait croire que l'anarchie, comprimée en
France, s'y était réfugiée et vouloit en faire
son domaine. On croyait qu'il existoit une
liaison étroite entre les partisans de ce système à Milan, Gênes et Rome. On a cru
depuis que cette affiliation s'étendoit en Pié-
mont et jusqu'à Naples. On supposait que
le but proposé était de se rendre indépen-
dant des Français, par la démocratisation générale de l'Italie. Cette supposition pouvait
bien n'être pas une chimère, mais les moyens
employés contre ce parti n'avaient servi qu'à
augmenter ses forces. Les hommes, que l'on
présumoit initiés à cette ligue secrète, étaient
écartés des emplois publics et remplacés par des
hommes dont on ne se croyait sûrs que parce
qu'ils étaient nuls. Cette persécution sourde
irrita l'amour-propre et l'ambition trompée,
et multiplia le nombre des ennemis des Français. Divisés dans leurs vues ultérieures, ils
étaient d'accord sur l'objet principal. Les uns,
avec l'intention de créer une République Italique une et indivisible, les autres avec le
désir de voir se fédéraliser les diverses Répu-

bliques que les divisions territoriales, dès
long-temps existantes en Italie , leur sem-
blaient exiger, se trouvaient tous réunis en
un point, c'était de donner à la liberté italienne une garantie telle , qu'elle fût pour
toujours à l'abri des usurpations françaises.

Cette société d'amis de *l'unité italienne*
se composait sur-tout d'hommes étrangers à
la République Cisalpine. La cession du pays
vénitien à l'empereur avait forcé à l'expa-
triation tous les habitans qui , dans la révo-
lution momentanée de ce pays , s'étaient
signalés par leur haine contre la tyrannie.

Il était très-juste que tout ce qui devait
craindre l'oppression autrichienne trouvât un
asile sur un sol voisin , nouvellement affranchi ; mais Bonaparte , poussant plus loin
les dédommagemens qu'il croyoit dûs à leurs
sacrifices, leur accorda le droit de cité dans
la Cisalpine, et fit entrer un grand nombre
d'entr'eux dans le Corps Législatif et les autres fonctions du gouvernement. — De toutes
les autres parties de l'Italie , on vit également
s'élancer dans la Cisalpine quelques
hommes estimables, précurseurs de la liberté
dans leur pays , et victimes du despotisme
qui y existait encore; mais en même temps

on vit se mêler au milieu d'eux des hommes
d'un caractère ambitieux et remuant, qui ne
cherchent dans les orages politiques que la
domination et leurs intérêts personnels. Il
étoit dans la nature que tous ces fugitifs
Napolitains, Toscans, Vénitiens et Romains
désirassent la subversion générale des anciens
gouvernemens de l'Italie; que, pour parvenir
à lancer, dans leur patrie respective, l'étin-
celle révolutionnaire, ils fussent dans la Cisalpine les partisans des mesures les plus éner-
giques; que l'agitation fût pour eux un
élément nécessaire, et qu'enfin, privés de
leur fortune, ils cherchassent à s'assurer des
emplois dans le gouvernement et ses administrations. Il s'ensuit, que les reproches
d'intrigue, de turbulence, faits à la plupart
de ces étrangers, naturalisés Cisalpins, n'ont
pas toujours été sans fondement, et que la
France devait, jusqu'à un certain point,
surveiller leurs démarches et leurs projets;
mais les événemens ont prouvé qu'on s'était
formé à cet égard des craintes exagérées.

A cette classe de partisans zélés de l'indépendance italienne se joignait aussi un certain nombre de Français, qui, soit par des
vues philantropiques, soit par des calculs in-

C

téressés, mettaient un nouveau poids dans
la balance de ce parti. Le Directoire s'était
imaginé que ces Français voulaient établir
ainsi leur influence en Italie, sur des peuples en proie à la fièvre des révolutions. Il
prit diverses mesures pour les en écarter, ou
leur enlever le crédit dont ils y jouissaient.
De là les arrêtés qui rappeloient tels et tels
généraux, et leur donnaient des destinations
pour d'autres armées (1). De là, pour les
Français non-militaires, ces arrêtés qui pri-
vaient du titre de citoyen ceux qui auraient
accepté des fonctions à eux offertes par des
gouvernemens étrangers (2). De là, ces ordres
d'arrestation dirigés contre plusieurs d'entr'eux nominativement. Ces derniers, ainsi
poursuivis, se présentaient aux généraux
comme des patriotes opprimés (3), et trou-

(1) Rappel des Généraux Suchet, chef d'état-major-
général de l'armée d'Italie, et Pouget commandant
de la place à Milan.

(2) Arrêtés dirigés contre les citoyens Bassal,
Gayvernon, etc.

(3) Les citoyens Bassal, Laubert et autres, étaient
membres du Gouvernement provisoire à Naples, quoique frappés de mandats d'arrêt décernés par le Directoire Exécutif même.

vaient auprès d'eux asile et protection. De là encore, la mésintelligence toujours croissante entre les Agens civils chargés de l'exécution de ces ordres, et les chefs militaires qui croyaient défendre d'une injuste oppression le civisme persécuté.

Quant au peu d'accord qui existait entre les généraux et les commissions civiles, peut-être les généraux ont pu quelquefois élever des plaintes fondées contre ces commissions; mais il est certain aussi que les commissaires civils n'ont point trouvé, dans les généraux, les égards et l'appui dûs à des hommes revêtus d'une mission importante, par arrêté du Directoire Exécutif.

La création de ce pouvoir nouveau avait pour but, en diminuant l'autorité des généraux, d'établir dans les recettes et dépenses de l'armée, un ordre et une responsabilité qui n'y existaient pas. Sous le commandement de Bonaparte, les finances confiées au citoyen Haller firent aisément face à tous les besoins. C'étoit une mine vierge encore et dont les richesses amassées depuis long-temps suffisaient à l'avidité des premiers possesseurs. Les Administrateurs, les Généraux purent s'enrichir impunément, et l'armée était

aussi entretenue avec abondance. Mais lorsque ces trésors commencèrent à s'épuiser,
lorsque ces sources fécondes menacèrent de
se tarir, il falloit nécessairement qù'une
économie sage présidât à l'emploi des contributions et en ménageât le produit devenu
moins considérable. Devait-on laisser ce soin
aux généraux en chef? Outre qu'il n'est pas
commun de trouver réunis, dans un même
homme, les talens guerriers et les connois-
sances administratives, le Directoire, je n'en
doute pas, y voyait un autre inconvénient:
c'était de porter la puissance militaire à un
degré qui la rendît indépendante du gouvernement même, et qui pût, avec le temps,
devenir funeste à la liberté publique. Dans
un pareil cas, il eût été indispensable qu'un
général en chef se déchargeât sur un homme
de confiance de ce travail particulier; et cet
homme, s'il eût été habile en opérations
financières, se seroit trouvé maître des fonds
de l'armée, n'ayant de comptes à rendre qu'à
un général qu'il eût trompé aisément dans
une partie qui pouvait lui être tout-à-fait
étrangère. On avait eu l'exemple d'une né-
gociation de cinq cent mille francs faite à
Lucques au nom d'un général, et dans laquelle

il paraît qu'il fut alloué cinquante mille francs
de commission au négociateur. Il en résul-
terait d'ailleurs que cet Agent de finances
serait l'homme du général et non l'homme
du gouvernement, et que par conséquent
toute responsabilité serait anéantie. En effet,
comment demander des comptes à un général victorieux? Pourrait-on le récompenser
et le punir tout ensemble ; lui présenter d'une
main les lauriers décernés au vainqueur, de
l'autre, les fers destinés à l'administrateur in-
fidèle; offrir tout à la fois à ses yeux la prison et
le Capitole? Ce scandale affligeant pour des républicains a eu lieu précisément par les moyens
employés pour le prévenir. Ce sont les démêlés
entre un commissaire civil et le général Cham-
pionnet qui ont donné à la France le triste
spectacle du vainqueur de Naples, mis en
jugement pour rendre compte des dilapida-
tions commises au moment de la conquête.
C'était pour parer à cette douloureuse nécessité, que le Directoire avoit voulu établir
des Agens responsables de leur gestion ; mais
les généraux ont vu avec peine cette branche
importante de leurs pouvoirs arrachée ainsi
d'entre leurs mains. Ils ont accueilli avec
dédain et traité avec hauteur ces agens qu

C 3

n'étaient pas sous leur dépendance directe
et absolue. L'essai malheureux de cette ins-
titution, qui pouvoit être utile, n'a fait que
développer la haine du militaire pour toute
autorité civile près l'armée, qu'augmenter
la désunion entre les divers Agens, et concourir ainsi à nos malheurs en Italie.

On a crié souvent, et jamais avec trop de
force, contre les abus énormes qui existaient
dans les divers services, contre la négligence volontaire des Entrepreneurs qui en
étaient chargés, et les réquisitions qui en
étaient la suite. Après des réclamations inutiles, le Directoire Cisalpin fit des sacrifices
considérables, à condition que ces réquisitions cesseraient de peser sur les habitans.
La compagnie Rodin fournissoit avec assez
d'exactitude les denrées, qui étaient très-
communes. Le pain, par exemple, ne man-
quoit pas. Mais le service des fourrages, mais
celui du chauffage éprouvaient de perpé-
tuelles interruptions, et il fallait que les habitans y suppléassent. La compagnie voulait
même exiger que le Gouvernement Cisalpin se chargeât entièrement de celui des fourrages. Ce Directoire, pour s'en faire dispenser,
consentit aux arrangemens les plus avan-

tageux pour cette compagnie, et cependant
les réquisitions ne continuèrent pas moins
d'avoir lieu. Pour faciliter à cette compagnie
ses approvisionnemens, on défendit l'exportation du bled, du riz et même du fromage,
quoiqu'il en existât des quantités énormes
au-dessus de ce qui pouvait être consommé,
et malgré les réclamations sans cesse renou-
velées du Gouvernement, qui représentait
avec justice, que le peuple, n'ayant pas de
débouché pour ses productions, serait dans
l'impossibilité de payer les impôts. Ces dé-
fenses d'exportation avaient été présentées
au Général, comme des mesures indispen-
sables pour assurer la subsistance de l'armée.
En vain on exposait qu'elles n'avaient d'autre but que de favoriser les spéculations de
la compagnie Bodin, à laquelle les proprié-
taires étaient forcés de livrer leurs denrées
au plus vil prix. Toutes ces réclamations
restaient sans réponse. On peut remarquer
encore que, dans le même temps, la République Romaine était en proie à la di-
sette la plus affreuse et que l'excédent, dont
était surchargée la République Cisalpine, eût
été pour elle un véritable bienfait, un secours
aussi juste que nécessaire. On est tenté de

C 4

croire qu'il existe des maux sans remède, quand on voit des compagnies mille fois dénoncées, et toujours justement, triompher de toutes les accusations dirigées contr'elles, et continuer leurs extorsions avec impunité !

Cet état de choses trop malheureux, avait précédé l'arrivée du général Schérer en Italie. Il n'était pas propre à y remédier. On a tout dit sur cet homme, et l'opinion, actuellement fixée, me dispense de rien ajouter contre lui. Je ne me mêlerai point de prononcer sur les opérations militaires, et de décider de la bonté ou de l'imprudence des dispositions faites par un Général; mais en supposant même que Schérer eût mis dans ses mesures toute la sagesse qu'exigeaient les circonstances, le succès eût semblé encore peu vraisemblable. La présomption du triomphe, qui, pour les Français, en fut toujours le gage, n'existait plus alors. L'opinion était battue avant que nos troupes l'eussent été. Il serait affreux de croire que des Généraux républicains, sacrifiant l'intérêt de leur Pays à des ressentimens personnels, eussent en quelque sorte repoussé la victoire accoutumée à les suivre ; mais au moins il paraît certain que le peu d'en-

semble dans l'action, produit ou par la haine
contre le Général en chef, ou par la défiance en ses moyens militaires, fut le com-
mencement et l'une des causes de nos malheurs. Le mal ensuite ne fit que s'accroître;
et comme, quelques mois auparavant, nous
avions pensé qu'il était impossible pour nous
d'être vaincus, nous croyions presqu'alors
qu'il nous était impossible de vaincre. Les
faits ont trop long-temps justifié ces craintes
désespérantes.

Au milieu des inquiétudes produites par
les nouvelles désastreuses qui se succédaient
chaque jour, toutes les passions, comme il
est naturel de le croire, fermentaient à Milan, et augmentaient encore l'embarras des
circonstances. Les hommes, dépouillés du pouvoir, croyaient les temps favorables pour le re-
conquérir; ils sortirent de leur obscurité et re-
parurent sur la scène. Je voudrais pouvoir
dire que le sentiment seul des dangers de
la patrie excitait les mouvemens, les agita-
tions, les conciliabules du parti précédem-
ment renversé; mais il était évident que l'ambition, l'amour-propre en étaient les principaux mobiles. Les insensés se réjouissaient
presque du malheur de la guerre, qui pou-

vait favoriser leurs vues et leur rendre les
funestes emplois dont ils étaient si jaloux!
Ils cherchèrent à diviser le Directoire Cisalpin et à faire entrer dans leurs projets
quelques-uns de ses membres.

Lorsque notre armée, déjà retirée sur
l'Oglio, était au moment de se replier sur
l'Adda, le Corps Législatif, effrayé des périls qui l'environnaient, et sentant que le
Directoire avait besoin d'une grande autorité, lui résigna la sienne sur les trois parties les plus essentielles, la police, les finances et le militaire. Le Directoire, soit pour
s'entourer de plus de lumières, soit pour
partager le poids d'une responsabilité qui l'é-
pouvantait, créa autour de lui des commissions consultatives, chargées de lui présenter
leurs vues et de préparer son travail.

On composa ces Commissions de Citoyens, dont le patriotisme n'était pas douteux et touchait bien plutôt à cette exaltation, qui, toujours louable dans son principe, est quelquefois dangereuse dans les
moyens qu'elle employe.

La commission de police, qui, d'abord,
avait pris le titre *de comité de salut public*,
s'égara ainsi par excès de zèle, et se porta

à quelques mesures, dont l'effet fut plus désavantageux qu'utile. Dans ces momens hasardeux, où l'union était d'une si grande importance, on éveilla les craintes par des menaces violentes, on fit courir des listes d'hommes suspects, dont on voulait s'assurer en cas de retraite. L'alarme se répandit dans toutes les familles. On ne pouvait plus tirer un sol de contributions. Toutes les bourses étaient fermées. Le Directoire, plus prudent, démentit, par une proclamation, les projets qu'on lui imputait. Le résultat de cette proclamation fut heureux. Il redonna un moment de confiance, et facilita la recette d'une partie de l'emprunt forcé, qui ne s'effectuait qu'avec peine. L'exécution de la mesure proposée par la commission de police n'eût pas été d'ailleurs sans difficultés et sans péril: il n'y avait à Milan qu'un détachement très-faible de force armée; et si les citoyens, qu'on eût voulu arrêter comme ôtages, eussent opposé la moindre résistance, c'eût été peut-être l'occasion de quelque mouvement séditieux, et le signal du massacre général des Français.

La commission des finances présenta des arrêtés qui eussent pu produire des sommes

très-considérables en peu de jours. On établit
une capitation progressive, dont on espérait
tirer quatorze ou quinze millions. On or-
donna le paiement par anticipation de la seconde moitié de la contribution foncière. On
arrêta même que tous les fonds, à mesure
de leur rentrée, seraient versés à la caisse
militaire, à l'exception d'une somme modi-
que reservée pour le service le plus pressant
des administrations cisalpines. L'occupation
d'une partie des départemens par l'ennemi,
et son entrée à Milan, qui suivit de peu de
jours l'adoption de ces projets, empêcha l'heureux effet qu'on devait en attendre.

La commission militaire prit des arrêtés pour
la mise en mouvement des colonnes mobiles,
et il fut question de former un corps de mille
patriotes. Ceux qui parlaient de s'armer mettaient, pour condition, qu'on leur donnerait
pour commandant l'ex-général Lahoz. Celui-
ci s'adressa à Schérer, et fut nommé, par lui,
pour prendre le commandement des patriotes
des départemens de la rive droite du Pô.

C'est un devoir sacré pour moi de donner
un démenti formel à une calomnie odieuse
répandue contre l'ex-ambassadeur Rivaud.
On a imprimé par-tout et des représentans

ont répété, d'après de faux rapports, à la
tribune du Corps Législatif, que le citoyen
Rivaud a empêché l'armement de quinze
mille patriotes, et qu'il a même opposé à
leurs pétitions sur cet objet une réponse ou-
trageante. Je me rappelle d'avoir vu trois ou
quatre des citoyens qui se proposaient de
prendre les armes. Non-seulement le citoyen
Rivaud ne paralysa point leur zèle, mais il
les encouragea; il leur promit que tous les
moyens existans seraient employés pour les
mettre en état de défendre leur patrie. L'un
d'entr'eux assura que dans le jour il aurait
réuni plus de mille patriotes animés des mêmes sentimens. On n'a revu ni lui, ni au-
cun de ceux qui faisaient ces flatteuses pro-
messes.

Il est malheureusement trop vrai que
l'esprit public était tellement corrompu ou
même anéanti dans la République Cisalpine,
qu'il eût été impossible de trouver, sur-tout
dans le Milanez, un grand nombre de citoyens capables d'un si généreux dévouement; et cette altération, cet anéantissement
de l'esprit public étaient le fruit de nos procédés, aussi injustes qu'impolitiques.

Pour qu'une Nation puissante s'attache

étroitement une Nation d'un ordre inférieur, il faut que la force tende à la faiblesse une main amicale, qui la place au même niveau; et nous, nous avons levé sur la Cisalpine un bras de fer qui la tenait abattue à nos pieds! il faut que la modération règle la volonté du peuple fort, et nous n'avons mis à notre ambition d'autres bornes que celles de notre force même! il faut que la fidélité dans les engagemens offre au peuple faible une garantie inviolable et sacrée, et nous avons déchiré les pages les plus solemnelles des traités! il faut respecter les loix et sur - tout les loix fondamentales de son allié, et nous, foulant aux pieds les droits les plus augustes, nous avons changé la constitution, destitué les premiers magistrats d'une république amie, avec moins de réserve que nous n'en eussions eu pour une province soumise à notre empire! Nous devions être équitables, désintéressés, observateurs de notre parole; nous avons été injustes, avares et sans foi! Les réquisitions de tout genre qui pressaient les habitans par suite de l'irrégularité des services militaires, avaient rendu odieux un changement de régime dans lequel on ne trouvait qu'un changement d'esclavage. On ne voyait en nous

que des brigands qui avaient un moment
prêché l'humanité pour mieux séduire, et
s'enrichir ensuite des dépouilles des peuples
trompés! Ce n'étaient plus ces Français, gui-
dés par Bonaparte, accoutumés aux priva-
tions et aux fatigues, grands par leurs exploits, grands par leur discipline, recevant
avec reconnaissance le pain offert par l'hos-
pitalité, et faisant chérir la liberté qu'ils ap-
portaient à l'Italie, par l'exemple des vertus
privées, unies aux vertus guerrières. C'étaient
des maîtres insolens, endormis dans la mol-
lesse et les plaisirs, saturés de l'or d'un peuple
qu'ils devaient protéger, buvant à longs
traits et son sang et ses sueurs, et même, en
dévorant sa substance, l'écrasant encore du
poids de leur orgueil, le rassasiant de mépris
et d'outrages! Le soldat, le simple officier,
seuls, voyaient dans les Cisalpins des amis et
des frères. Seuls, ils inspiraient encore l'estime, le respect, l'admiration; mais la haine
et les malédictions publiques poursuivaient,
sur leurs chars brillans et jusqu'aux fonds de
leurs palais, tous les chefs principaux, militaires ou civils, et, pour parler le langage popu-
laire, tous les hommes *à broderie*, fléaux, tout-
à-la-fois, de l'Italie et de l'armée française!

Nous avions donc bien mérité le ressen-
timent des Cisalpins, et nous ne devons
pas être étonnés qu'une partie d'entre eux
ait désiré le retour des Autrichiens, dont
le joug ne sera pas moins pénible, mais dont
la tyrannie méthodique laisse éclater moins
de violence et d'emportement. Et cependant,
sur quelques points de la Cisalpine, de généreux citoyens ont volé à notre secours ! Combien ils sont dignes de la liberté ceux qui nous
ont pardonné tous les maux dont nous avons
entouré sa naissance ! Braves Bolonais, c'est
vous sur-tout qui vous êtes signalés dans les
jours de notre infortune ! Le sort, en nous
trahissant, n'a pu forcer vos ames à la même
trahison, et mille actions héroïques ont con-
sacré ce sublime dévouement. Peut-être,
hélas ! vous expiez aujourd'hui votre attachement à notre cause ! La tyrannie épuise
sur vous ses longues fureurs, et la cruauté
des Rois se rassasie lentement de votre supplice ! Ah ! sans doute, il cessera bientôt ce
supplice odieux des républicains livrés aux
bourreaux de la royauté ! Elle sera brisée la
hache de la vengeance autrichienne ! Ils seront exterminés du sol italique ces Tartares
dévastateurs, qui veulent changer en soli-
tude

tude vos riches campagnes, rendre à la bar-
barie ces peuplades policées et savantes,
mutiler, disperser sur vos champs incultes
les monumens des arts, les chef-d'œuvres du
génie, et faire croître sur les débris épars de
vos cités, sur les cendres de Milan, de Flo-
rence et de Rome, le cyprès funèbre et la
ronce du désert. Ainsi le grossier Musulman
foule, d'un pied stupide, les ruines de Sparte
et d'Athènes, détruit d'une main sacrilége les
restes de leurs ouvrages, les lambeaux de
grandeur échappés à ses premiers ravages, à
ceux du temps, et ne laisse au voyageur affligé que son imagination seule, pour lui
retracer le grand souvenir de leur existence.

Superbe Italie! tel est le sort que te desti-
nent les Rois; mais, nous devons l'espérer
du génie protecteur des Républiques et du
courage de nos guerriers, leurs vœux seront
trompés; non, tu ne seras point leur esclave.
Ton astre s'est éclipsé un moment, mais il
n'est point éteint. Tes malheurs ne seront
point éternels. La patrie des talens, le temple des arts ne seront point changés en huttes
sauvages, en repaires sanglans, où le Russe
orgueilleux te dictera ses loix. Non, la République Française ne souffrira point cet anéan-

D

tissement de la plus belle partie de l'Europe.
Elle n'abandonnera point des peuples, éveil-
lés par elle de leur léthargie, des peuples
frères qui ont répondu à sa voix, et qui ont
associé leur fortune à la sienne. Elle ne vous
laissera point sans vengeance, patriotes ver-
tueux, qui avez mêlé votre sang au sang
français pour la défense commune ! La victoire a pu quitter un moment nos étendards,
mais elle reparaîtra plus fière et plus terrible ;
et vous-mêmes, vous combattrez avec nous
pour la fixer à jamais dans les rangs des soldats de la liberté.

Oui, il est nécessaire que l'Italie combatte
avec les Français. Il faut du moins que les
habitans *armés* forment derrière nous une
seconde barrière qui nous soutienne dans
le cas d'une défaite.

Le désarmement du peuple est encore un
résultat de ce système d'affaiblissement suivi
par le Directoire Français.

L'armement des Citoyens avait des inconvéniens, sans doute, mais on pouvoit les
éviter. Si la garde nationale eût été orga-
nisée par-tout sur le même pied que celle
de Bologne, il n'y aurait point eu d'insur-
rection à craindre de la part des habitans,

ou si l'intrigue et l'or de l'étranger étaient
parvenus à former quelques bandes de brigands, ces braves gardes nationales auraient
suffi pour les dissiper, pour protéger nos
marches et nos retraites, pour empêcher ces
pertes de détails, ces assassinats partiels qui
enlèvent souvent plus d'hommes que les
batailles rangées. Si Bologne s'est distinguée
d'une manière si honorable, c'est que notre
conduite a été plus sage et plus modérée envers
elle qu'envers les autres villes. Plusieurs fois
on avoit voulu la désarmer comme le reste
de la Cisalpine. Elle avoit opposé de la résistance et obtenu une heureuse exception.
Quel malheur qu'on eût privé de leurs armes
des mains courageuses qui ont su les manier
avec tant d'honneur et de gloire ! Un commandant français, dont je regrette de ne plus
me rappeler le nom, avait dirigé vers un
but utile ce noble amour-propre des Bolonais, cet attachement à leurs armes, la pro-
priété inaliénable des hommes libres. Il leur
avait appris à en faire usage; il les avait
exercés aux manœuvres militaires, et leur
avait ainsi préparé des moyens de défense,
qui, s'ils avaient été secondés, eussent pu
garantir la rive droite du Pô de l'irruption

D 2

ennemie. Les autres villes de la Cisalpine
n'eussent pas fait moins, si le peuple y eût
été armé, mais avec prudence, si le sentiment de nos injustices ne nous eût portés à
la défiance, et ne nous eût mis dans la nécessité de lui ravir le glaive conservateur,
qui devait le défendre contre l'Autriche,
dans la crainte qu'il ne le tournât contre
nous. C'était la haine et non le bras du peuple
qu'il falloit désarmer, et cette haine, c'est
nous qui l'avions fait naître; elle ne lui était
point naturelle, elle fut l'effet lent de nos
vexations réitérées; les cœurs des Cisalpins
s'étaient aliénés de nous; et lorsque l'amour
des habitans nous a été nécessaire, lorsqu'il
eût été notre rempart le plus fort, nous l'a-
vons réclamé vainement; on nous a répondu
par des reproches trop mérités, et la République Française a payé du sang pur de ses
soldats les crimes de ses Agens, de ses Employés prévaricateurs.

Dans des momens aussi hasardeux, au milieu
d'un peuple ainsi disposé, à qui il fallait demander chaque jour des contributions nouvelles, le Directoire Cisalpin n'avait que
l'attitude incertaine d'un corps dont les ap-
puis sont profondément ébranlés et qui ne

peut plus éviter sa chute. Il n'était point
soutenu par la force de l'opinion publique,
et sa déconsidération a dû s'augmenter encore avec ses malheurs.

Deux hommes, qui ont été un moment
jetés en Italie, ont fait au Corps Législatif
des rapports dans lesquels ils inculpent gra-
vement le Directoire Cisalpin et l'ambassadeur Rivaud. Je ne puis me dispenser de
dire un mot sur ces deux hommes, les citoyens Mengaud et Ferrières-Sauvebœuf.

L'un et l'autre sont arrivés à Milan, à peu
près quatre ou cinq décades avant l'évacuation de cette ville. Tous deux se sont an-
noncés comme chargés de missions très-in-
téressantes par le gouvernement. Ils ont
trouvé dans l'Ambassadeur l'empressement
le plus vif pour les seconder. Dénonciateurs
aujourd'hui du citoyen Rivaud, ils étaient
souples et officieux auprès de lui, alors qu'ils
le supposaient honoré de la confiance du
Directoire. Divisés entr'eux, ils lui rendaient
compte, et sans doute avec vérité, des torts
qu'ils se supposaient respectivement. Le citoyen Ferrières-Sauvebœuf eût trouvé très
juste de renvoyer le citoyen Mengaud de
l'Italie, et le citoyen Mengaud pensoit qu'il

D 3

était indispensable d'en renvoyer le citoyen
Ferrières-Sauvebœuf.

Le citoyen Mengaud se disait destiné à
révolutionner le pays Vénitien. Tous les
fugitifs des États de Venise l'entourèrent
aussitôt, se disputant déjà les places dans le
gouvernement qu'on allait créer, et mendiant
les bonnes grâces du futur commissaire or-
ganisateur. Les circonstances étant changées
et l'armée continuant sa marche rétrograde,
le citoyen Mengaud, dont en effet la présence était inutile à Milan, prit le parti de
se retirer à Gênes plus de huit jours avant
notre retraite. C'est-là que, bien tranquille,
à l'abri du danger, il a rédigé des mémoires
sur des faits dont il n'a pas été témoin, et
recueilli de la bouche de quelques calom-
niateurs plusieurs détails très-faux, qu'il
présente cependant comme certains et po-
sitifs.

On peut permettre au citoyen Mengaud
de blâmer à Gênes ce qu'il approuvoit à
Milan, de regarder aujourd'hui comme désastreuses des opérations qui, peu de temps
auparavant, lui avaient paru justes et salu-
taires. Son opinion mieux éclairée a pu se
fixer ainsi d'après une connaissance mieux

appronfondie de l'état des choses. Mais, on
ne peut pas lui permettre des imputations
horribles, qui ne sont appuyées d'aucune
preuve. Il a été trompé, d'une manière bien
étrange, par ceux sous la dictée desquels il
a écrit, puisqu'on trouve dans son rapport
des mensonges palpables et matériels. — « On
» afficha, dit-il, la proscription de tous les
» vrais amis du système républicain. On osa,
» par tous les moyens de violence et de sé-
» duction, soutenir un procès infâme. On
» essaya de corrompre le pouvoir judiciaire ».
— Et qui croirait, après des assertions aussi
formelles (et cependant il faut bien croire à
la vérité), que pendant toute la mission du
citoyen Rivaud, pas un seul Cisalpin n'a
été cité devant les tribunaux pour opinions
ou faits politiques, pas un seul procès de
ce genre n'a été entamé dans toute la Cisalpine! Je conçois que la douleur causée par
nos revers, ait ouvert toutes les ames au
soupçon, et que l'imagination active du citoyen Mengaud ait vu partout des perfides
et des traîtres. Mais, avant d'entrer dans la
lice de l'accusation, il faut reconnoître l'adversaire qu'on veut combattre, choisir la
place où l'on doit frapper, mesurer ses coups

D 4

et prendre garde que ceux destinés au crime ne retombent sur l'innocence.

Le citoyen Ferrières-Sauvebœuf se prétendait chargé d'une mission pour l'Egypte, et communiqua un passeport qui l'autorisait à s'embarquer à Ancône. Il témoigna vouloir utiliser son voyage pour les deux républiques en prenant de la Cisalpine une mission pour le Pacha de Scutari. Pour ne pas se présenter à ce Pacha les *mains vides*, il demandait au Directoire Cisalpin une somme de douze mille francs et des effets précieux. L'ambassadeur Rivaud appuya d'abord ces demandes. Mais d'après les avis peu avantageux qu'il reçut sur le compte du citoyen Ferrières, il pensa qu'il était prudent de prendre avec lui quelques précautions. Il engagea en conséquence le Directoire Cisalpin à ne remettre de fonds entre les mains de ce citoyen, qu'après que celui-ci auroit prouvé de quelque manière, autre que l'exhibition de son posseport pour Ancône, le réalité de la mission qu'il disait avoir du gouvernement Français. Des lettres sûres ont confirmé qu'il n'en avait aucune, et laissaient à l'Ambassadeur la liberté de prendre envers lui telles mesures que sa conduite

exigerait. Il fallut donc que le citoyen Ferrières renonçât aux douze mille francs et
aux bijoux qu'il avait poursuivis avec tant
de sollicitude. De là, l'origine de sa haine
contre le citoyen Rivaud. Il s'adressa ensuite
à Schérer, dont il ne fut pas mieux accueilli.
Il fit la même tentative auprès de la compagnie Bodin, et demanda au citoyen Guilles,
agent principal de cette compagnie, l'avance
d'une pareille somme de douze mille francs,
dont il avait, disait-il, besoin pour le service
de la République, et qui lui était due par
la Cisalpine. Cette demande fut encore sans
succès. Éconduit par-tout, le citoyen Ferrières-Sauvebœuf forma des liaisons, noua
des intrigues avec les ennemis du citoyen
Rivaud, s'introduisit même dans les séances
secrètes du Directoire, et voulait se faire
envoyer à Paris, pour y porter la vérité. On
voit qu'elle eût pu choisir un organe plus pur
et plus désintéressé. La veille de l'évacuation
de Milan, le 7 floréal, le général Schérer
fit arrêter et enfermer au château le citoyen
Ferrières-Sauvebœuf. Cette arrestation aurait pu être juste de la part de tout autre et
dans des temps ordinaires, mais elle était
odieuse dans une pareille circonstance.

Le citoyen Ferrières a particulièrement
porté plainte contre Schérer au sujet de cette
arrestation. On dit qu'il demande douze mille
francs de dommages. Il paraît que cette somme
lui tient à cœur. Je souhaite que son arrestation, que je blâme, et dont je me réjouis qu'il
n'ait pas été la victime, lui procure enfin ici
ce qu'il n'a pu obtenir à Milan.

Revenu à Paris, le citoyen Ferrières fut
enfermé au Temple. C'est de là qu'il a adressé
au Corps Législatif des pétitions pleines d'invectives contre le citoyen Rivaud. Après les
contestations qui avaient eu lieu entr'eux,
on jugera sans doute que ces invectives doivent, pour le moins, paraître suspectes.

On a accusé les Directeurs Cisalpins d'a-
voir emporté avec eux des sommes considérables (1). Plein d'estime pour quelques
membres de ce Directoire, je ne me charge
point d'établir leur moralité collectivement;
mais il me semble qu'en les supposant même
capables de se déshonorer ainsi par une indi-

(1) Parmi les calomnies répandues contre le
citoyen Rivaud, on l'accuse de s'être approprié de
l'argenterie appartenant à la République Cisalpine.
— Oui, le citoyen Rivaud a emporté, de Milan, de
l'argenterie de table employée au service de la maison

gne rapacité, les moyens n'en existaient pas
entièrement à leur disposition. Dans les temps
qui ont précédé la retraite, les finances étaient
administrées plutôt par les Français que par
eux-mêmes, et les fonds qui rentraient étaient
versés chaque jour à la Caisse de l'Armée.
On a porté le soupçon particulièrement sur
le Directeur Adélasio. La lâche désertion de
ce traître a prouvé qu'il était capable de tout.

On a élevé des plaintes mieux fondées
contre les Directeurs, relativement à la pré-
cipitation de leur départ. Je ne les en dis-
culperai pas.

Le 7 floréal, le Général Schérer se rendit
à Milan. Il avait annoncé son arrivée en disant
qu'il venait se concerter avec le Directoire,
sur les moyens de lever les fonds nécessaires.
On devoit être rassuré par sa présence, en un
danger si pressant. On ne savait pas que,
dans ce temps-là même, l'action s'était enga-

de l'ambassade. Il a aussi emmené des chevaux et
une voiture qui étaient à sa disposition. Mais tous ces
objets, il ne les a point gardés. C'est moi-même qui,
avant mon départ de Chambéri, en ai fait la remise
au Directoire Cisalpin, et il m'en a été donné un
reçu. — Je suis honteux d'avoir à répondre à de si
outrageantes imputations.

gée sur plusieurs points de l'Adda, et que le
Général Moreau, qui venait de recevoir la
nouvelle de sa nomination au Commandement en Chef, n'ayant pas eu le temps de
faire de dispositions nouvelles, allait être
forcé à la retraite. La sécurité de Schérer
dut se communiquer à tout le monde, et
cependant ce fut dans la nuit suivante qu'on
apprit et la déroute de l'armée et la nécessité de l'évacuation de Milan.

Le citoyen Rivaud en fut informé à 5
heures du matin. Il en instruisit aussitôt le
Directoire. Deux heures après, les Directeurs étaient partis. Sans prendre aucune des
mesures que leur devoir exigeait en cette
occurrence, sans se concerter même avec
l'Ambassadeur, de qui naturellement ils ne
devaient pas se séparer, ils ne songèrent
qu'à leur salut personnel, et se contentèrent
d'écrire aux Conseils, qu'il était temps de
se mettre en sureté. Cette fuite précipitée des
Directeurs, excita un mécontentement universel.

Les Membres des Conseils vinrent alors
se plaindre au citoyen Rivaud, de cet aban-
don du Directoire. Il en était affligé comme
eux. En effet, cette conduite des Direc-

teurs était d'autant moins pardonnable ,
que, plus de huit jours auparavant, le citoyen Rivaud les avait invités officiellement
à prendre des précautions pour assurer, au
besoin , le transport du Corps Législatif et
des Archives du Gouvernement, en desti-
nant en apparence les préparatifs nécessaires
à cet effet, au service des subsistances militaires.

Le Directoire Cisalpin prétend que cette
imprévoyance ne lui fut point particulière;
qu'elle fut même volontaire, en quelque
sorte, de la part du Corps Législatif; que
la Commission nommée pour faire avec lui
les dispositions de prudence relatives au moment éventuel du départ, avait entravé ces
dispositions au lieu d'y concourir, et il en
donne pour preuve que tous les membres de
cette Commission sont restés dans leurs
foyers. Cette excuse du Directoire ne fait
que rendre sa faute commune aux Membres
de la Commission dont il s'agit, mais une
faute partagée n'en est pas moins réelle, et
le Directoire prouve seulement qu'il ne fut
pas coupable seul.

Je suis bien convaincu que, dans un tems
plus heureux, lors de la rentrée des Fran-

çais à Milan, tous les Membres des Conseils qui ont courbé leur front sous le joug Austro-Russe, allégueront l'impossibilité où ils étaient de s'y soustraire; que tous les lâches qui subissent provisoirement la servitude, avec l'espoir de se justifier un jour, voudront excuser ainsi leur infamie; mais n'existât-il qu'un seul Républicain pour qui cette allégation soit une vérité, et qui se soit vu livré ainsi à la fureur autrichienne, la négligence du Directoire demeure toujours inexcusable.

Malgré ces torts du Directoire, que je n'ai pas dissimulés, il est douloureux de voir les Patriotes Cisalpins, Directeurs, Représentans ou simples Citoyens, conserver jusques dans leur exil, tout le fiel de leurs anciennes rivalités. Infortunés fugitifs ! le malheur ne doit-il pas avoir terminé vos querelles, étouffé vos ressentimens, éteint tous ces flambeaux de discorde et de jalousie que l'ambition put allumer entre vous? Vous n'êtes plus ici les partisans de telle ou telle opinion, les sectaires de tel ou tel réformateur; vous êtes tous Cisalpins, Italiens, compagnons de misère, tous recueillis par la République mère, qui réparera sans doute un jour le mal qu'elle vous a fait, ou qu'elle a du moins toléré. Vous avez tous abandonné aux mêmes périls ce que vous avez de plus cher, vos parens, vos enfans et vos épouses. Le même sol vous vit naître ; un même sol vous reçoit dans votre fuite : la même destinée vous attendait en Italie. Les mêmes fers, les mêmes supplices vous étaient réservés. Croyez-vous que Souwaroff eût fait entre vous quelque distinction ? Qu'il eût accordé quelque préférence à l'un des partis entre lesquels vous êtes partagés ? Ils sont tous égaux à ses yeux : vos dissentions ne sont qu'apparentes. Un sentiment commun doit vous rapprocher sur-tout dans votre déplorable position. Vous n'avez tous qu'un objet, la liberté ; qu'un ennemi, la tyrannie; qu'un appui, la République Française. Cessez donc de vous déchirer réciproquement. Enveloppés dans le même naufrage, pouvez-vous bien, au lieu de lutter contre les flots, perdre le temps à vous accabler les uns les autres de récriminations déplacées; à vous combattre, quand il vous faut périr si vous ne vous sauvez ensemble ! Unissez bien plutôt vos vœux, vos efforts, tous vos moyens pour vous soutenir contre la tempête et ga-

gner le port qui peut encore vous être ouvert.

Je ne me permettrai point de décider une
question aussi délicate que celle de la dis-
solution ou du renouvellement du Directoire
Exécutif d'une République alliée ; mais si
les griefs imputés au Directoire Cisalpin
étaient suffisans pour motiver son renouvellement en totalité ou en partie, l'indépendance de cette République solennellement
reconnue par un traité et consacrée récemment par les Actes du Corps Législatif Français, semblerait exiger que ce changement
s'opérât selon les formes constitutionnelles.

La question ici deviendrait plus compliquée.
A quelle Constitution devra se soumettre
la République Cisalpine? Les circonstances
qui, sans doute, lui rendront bientôt une existence nouvelle, lui permettront de reprendre
ses droits et de choisir la forme de Gouvernement qui lui convient.

La victoire, qui créa la République Cisalpine, créa Bonaparte son Législateur, et
ne donna qu'à lui le droit de proposer à ce
Peuple une Constitution, au nom de la République Française. Cette Constitution fut
ensuite garantie par un traité.

La

La réforme opérée par l'Ambassadeur Trouvé, en exécution d'arrêtés du Directoire, et quoiqu'utile en quelques-unes de ses parties, fut un acte violateur du traité et un attentat à l'indépendance de la République Cisalpine.

Celle exécutée par le général Brune, si elle ne fut pas autorisée par le Gouvernement Français, fut tout-à-la-fois un crime contre les deux Républiques.

Celle enfin confiée au citoyen Rivaud, ne fut que le rétablissement de l'ouvrage du citoyen Trouvé.

Ce triple ordre de choses sera livré au choix de la République Cisalpine, dans la supposition heureuse que nos armées, reconquérant la victoire, rendront à cette République sa place parmi les Puissances. Faudra-t-il attendre qu'elle fasse ce choix ; et comment pourra-t-elle y procéder ? Cette option ne sera-t-elle pas impossible de sa part, vu la situation où se trouvera alors le pays ? Le Gouvernement Français ne devra-t-il pas agir pour elle ? Ne serons-nous pas dans une position pareille à celle où se trouva Bonaparte à l'époque de la conquête ?

E.

Le vœu des patriotes semble rappeler leur première Constitution ; mais, cependant, il serait nécessaire d'y joindre quelques-unes de ces modifications, dont la nécessité ne peut être revoquée en doute, celle, par exemple, de la réduction à moitié du nombre des Départemens, et de celui des Représentans du Peuple, réduction qui diminue les dépenses et simplifie l'administration, et qui, quoiqu'introduite par le citoyen Trouvé, fut conservée par le général Brune. Au reste, il serait peut-être convenable que ces modifications fussent préparées par les fugitifs de cette République : et qui peut avoir plus de droit, comme plus d'intérêt, à s'occuper de ce travail important ? Quoiqu'ils ne soient plus sur le territoire français que des individus isolés et sans caractère, ce serait encore un hommage rendu à la liberté de leur pays, que ce concours de leur part à perfectionner le code constitutionnel que Bonaparte leur offrit, reçu par eux avec reconnaissance, mutilé ensuite contre leur volonté, dégagé aujourd'hui, mais par des mains respectueuses, des imperfections qui peuvent embarrasser sa marche.

Quant au moment où cet ordre constitution-

nel devra être établi, ce sera au Gouvernement
Français à en saisir la convenance et la tempes-
tivité. Peut-être sera-t-il prudent de laisser un
intervalle de quelques mois entre l'époque du
réaffranchissement de la Cisalpine et sa réor-
ganisation. L'intérêt de la France et de l'I-
talie commanderont la punition du crime, la
vengeance des maux auxquels le patriotisme
est maintenant en proie, des dispositions
sévères pour garantir la tranquillité inté-
rieure et purger ce sol, redevenu libre, du
limon impur de la servitude. Ces mesures,
prudentes et vengeresses, que demanderont
les crimes du passé et les dangers de l'avenir,
et qui paraîtront, de la part d'un général,
des représailles légitimes, attacheraient un
appareil de rigueur et de cruauté à un Gouvernement qu'il vaut mieux entourer des
formes de la générosité et de la clémence.
Il vaut mieux que la Constitution, mise seulement en activité au moment où l'oubli du
passé sera permis, réunisse tout à la fois,
sous son égide inviolable, et le patriote op-
primé trop long-temps, et l'homme égaré ou
même coupable que l'on aura jugé digne de
pardon.

Le malheur qui, chez les hommes faibles

E 2

ue le courage, ne fait que donner aux âmes
fortes une activité nouvelle. Bannis de leur
pays natal, errans sur une terre hospitalière,
les Cisalpins puisent dans l'extrémité même
de leurs maux de grandes espérances pour
l'avenir, voient s'étendre devant eux l'ho-
rison de la liberté, et recouvrent en pensée
beaucoup plus qu'ils n'ont perdu. Ils ne se
bornent plus à désirer l'affranchissement de
l'étroite portion de territoire qui formait la
République Cisalpine, ils désirent l'affranchissement de l'Italie toute entière, et sa
réunion en un seul Gouvernement Républicain. Ils viennent d'exposer au Corps Législatif les avantages qui en résulteraient pour
la France même. Tous ces états nains qui
composent l'Italie, tous ces membres isolés,
trop faibles pour se défendre séparément, for-
meraient, par leur réunion, un corps impo-
sant, qui présenterait un point d'appui for-
midable en notre faveur et une forte barrière
contre nos ennemis. Sans approfondir les
motifs qui ont été déjà mis en avant pour
ou contre cette proposition, il semble qu'il
existerait un moyen-terme qui offrirait un
intérêt presqu'égal et des inconvéniens moin-
dres; ce serait la division de l'Italie en deux

grandes Républiques, l'une *supérieure* et l'autre *inférieure*. Je sais que cette division, qui paroît la plus convenable pour nous, est aussi conforme à l'opinion d'un grand nombre d'Italiens. Puisse le prompt succès de nos armées rendre bientôt nécessaire la solution de ces questions intéressantes (1) !

Oui, osons encore espérer : ne fermons point nos ames à l'idée d'un avenir plus heureux ; des renforts attendus trop long-

(1) La nouvelle de la prise successive des places les plus essentielles, vient frapper bien péniblement l'ame des républicains. Ah ! sera-t-il donc jamais possible de sacrifier cette belle Italie, ce magnifique patrimoine que la liberté réclame, de vendre au despotisme, par un honteux traité, des peuples qui se sont élancés vers l'indépendance avec un si généreux enthousiasme ?

Impius hæc tam culta novalia miles habebit
Barbarus has segetes ?

Heureusement pour nous, peut-être, l'intérêt de quelqu'autre puissance ne lui permettra point de souffrir cet agrandissement disproportionné de l'Empereur, devenu maître absolu de l'Italie, ou en la possédant lui-même, ou en la faisant posséder par des princes, ses tributaires et ses sujets. Espérons que la politique des rois, rivaux entr'eux, pourra aussi favoriser la cause des Républiques.

E 3

temps vont nous permettre enfin d'attaquer
à notre tour et nous rendre l'avantage de cet
enthousiasme, de cette vivacité nationale,
perdu pour nous quand nous sommes réduits
à la défense. Vas, brave Joubert, rappelles
sous nos drapeaux la fortune fugitive, et cou-
ronnes les sages temporisations de ton prédécesseur par des succès éclatans et décisifs!
Il a ménagé les restes de nos forces, ce guer-
rier aussi magnanime qu'habile; il a conservé
le noyau précieux de cette armée, jadis accoutumée à vaincre, mais qui semble avoir désap-
pris la victoire; il n'a point cherché dans des
batailles imprudentes une célébrité dont il
n'a pas besoin, et qui pouvait, en immortali-
sant ses talens et sa défaite, compléter notre
perte en Italie. Riche d'une gloire réelle,
dont sa modestie augmente encore l'éclat, il
a été avare du sang des soldats, de ce sang
tant prodigué par d'autres; il a préparé ainsi
des élémens de triomphes futurs, il a semé
pour l'avenir de nouveaux lauriers, et ne
s'afflige point de laisser à d'autres mains
l'honneur de les cueillir. Estimable Moreau,
reçois ici le tribut de gratitude dû à ta grande
ame, à tes services!

Ce n'est pas en obtenant, par la perte de

plusieurs milliers d'hommes, un avantage
brillant, mais toujours trop payé, qu'on sert
le plus utilement sa patrie. Rallier des troupes
éparses et sans ordre, éviter des affaires iné-
gales, ne risquer le combat que dans le moment où l'ennemi a peu de forces sur le
point attaqué, arracher ainsi par de sages
combinaisons des succès non trop achetés
sur un ennemi trois fois supérieur en nombre,
tenir en échec avec 15 mille hommes une
armée de cinquante mille, c'est ce que tu as
fait, c'est ce qui distingue le militaire pro-
fond, le général consommé dans son art,
du soldat entreprenant, et toujours prêt à
combattre sans calculer ni les temps, ni les
lieux, ni le nombre, qui, tout en commandant l'admiration par son courage, mérite
le blâme par sa témérité. Nouveau Scipion,
tu n'as point eu l'orgueil du commandement,
tu n'as pas craint de te mêler dans les rangs
de nos défenseurs, de recevoir les ordres de
ceux qui eussent dû recevoir les tiens. L'œil
du soldat te suivait avec confiance; il se
fixait sur toi dans le moment de nos malheurs, il te demandait de le sauver. Tu l'as
fait. Tu recueillais les moyens de lui rendre
ses anciens avantages. Un autre est appelé

dans cette honorable et périlleuse carrière;
tu n'en es point jaloux. Tu te réjouis d'avoir
pour successeur un homme qui proclama son
estime pour toi et qui mérite la tienne. Le
gouvernement te désigne un nouveau poste.
Tu suivras ta destination , et la patrie t'y
verra mériter encore son admiration et sa
reconnoissance!

En écrivant sur l'Italie, je n'ai pu me dispenser de rendre cet hommage bien légitime
à celui qui seul a sauvé les débris de notre
armée; et sans lequel l'espoir de rendre ce
pays à la liberté nous serait interdit ou serait
du moins éloigné pour long-temps.

On a dû saisir dans cet *Exposé* les diverses
causes qui, séparées ou réunies, ont contribué
à affaiblir la République Cisalpine, et ont
rendu son envahissement plus facile. Ces
causes sont tout à la fois dans la fausse politique du Directoire, dans les abus d'autorité
de ses Agens tant civils que militaires, dans
les écarts, difficiles à réprimer, des Français
de tout emploi, de tout grade, qui ont inondé
l'Italie.

On a vu que le plan *d'unité italienne*,
dont s'effrayait le Directoire Exécutif, n'était
pas idéal et chimérique. Le Directoire ne se

trompait pas sur son existence. Il se trompait sur les suites qu'il croyait en devoir
craindre. L'intention de comprimer toute
tendance vers ce but avait aussi entraîné la
compression de tout sentiment de liberté, et
la peur de l'exagération avait presqu'étouffé
le patriotisme même. Les mesures prises
contre les Français ou Italiens, qu'on supposait partisans de ce système, avaient semé
dans les cœurs des ressentimens qui ont
amorti l'esprit public, et qui, par conséquent,
ont enlevé aux Français les ressources que
l'esprit public, autrement dirigé, eût pu
leur fournir pour prévenir l'invasion ennemie
ou pour la repousser.

Sans doute le Directoire actuel, instruit
par les erreurs de celui qui l'a précédé, et
sur-tout par les malheurs aussi étonnans
qu'affreux qui en ont été la suite, saura
substituer à ce système d'atiédissement et de
mort, un système de mouvement et de vi-
gueur qui ne créera point des États pour ne
leur donner qu'un souffle d'existence, mais
qui, mettant sa propre force dans celles de
ses alliés, travaillera pour la France en tra-
vaillant à leur grandeur, les rendra respec-
tables aux yeux des Nations étrangères, et

respectera sur-tout lui-même leurs droits,
leur indépendance, leur souveraineté.

---

10 Fructidor.

L'impression de ce Mémoire étoit achevée,
quand une nouvelle bien désastreuse est ve-
nue ajouter à nos douleurs. Encore une bataille malheureuse ! encore un Héros enlevé
à la patrie ! encore une fois le sort de l'Italie
incertain et douteux ! ô fortune, que faut-il
donc à ta haine ! Nous avions lassé tes bienfaits : ne lasserons-nous point tes rigueurs ?
Puisse le dévouement de Joubert, comme
celui de Décius, décider enfin le retour de
la victoire ! Et toi, brave et respectable Moreau, soldat tour-à-tour et capitaine, toi qui
sers avec tant de dévouement ton pays sans
examiner même dans quel poste, sous quel
titre, grand dans l'obéissance comme dans
le commandement; c'est encore toi que la
patrie a fixé dans cette fatale circonstance ;
c'est de toi qu'elle attend le salut de cette
armée célèbre, long-temps par ses succès, aujourd'hui par ses malheurs. Rétablis l'ordre
dans les rangs de nos défenseurs ; raffermis

leur courage ébranlé, et par des mesures
sages, conservatrices, prépares de nouveau,
pour un temps prochain, les moyens de réparer nos défaites, de délivrer l'Italie et de
venger la mort du Héros que nous venons de
perdre.

F I N

www.ingramcontent.com/pod-product-compliance
Lightning Source LLC
LaVergne TN
LVHW020948090426
835512LV00009B/1779